HIPPARCHIA,

HISTOIRE

GALANTE,

TRADUITE DU GREC,

DIVISÉE EN TROIS PARTIES.

Avec une Préface très-interessante, &
ornée de Figures en taille-douce.

PREMIÉRE PARTIE.

A LAMPSAQUE.

L'AN DE CE MONDE.

CLEF

Pour l'intelligence de la Préface & de l'Ouvrage.

C. de P. *veut dire* Cour de Versailles.
C. de R. - - - - Duchesse de Villeroi.
D. de S. - - - - Marquise d'Alincourt.
M. de B. - - - - Duc de Richelieu.
D. de B. - - - - Duc de Brancas.
C. de V. - - - - Cardinal de Biffi.

PRÉFACE

TRES-INTERESSANTE.

LE Public si fa-vorable à tous les Traducteurs, n'au-ra, peut-être, pas pour moi autant d'indul-gence qu'il en a eu pour ceux qui m'ont précé-dé dans ce genre d'é-crire ; le caractère

I. Partie.

d'Hipparchia , quoique naturel, révolterabien des gens : On veut de la bienséance aux dépens même de la vérité ; mais se fâche qui voudra , je traduits les faits tels qu'ils sont dans l'Original ; ils doivent paroître d'autant moins extraordinaires, que notre siécle nous a fourni des exemples , sinon sem-

blables, du moins équi-
valens.

La galanterie a re-
gné de tout tems, & Hipparchia n'a rien qui la distingue de la plûpart des femmes de ce siécle, que l'ac-tion remarquable qui se passa sous le Porti-que d'Athénes.

Une seule Anecdote de la C. de P. prouve ce que je viens d'avan-

cer. Chacun a oüi par-
ler de la C. de R. & de
ses intrigues : Le M.
de B. n'est pas moins
connu ; ce sont ces deux
Personnes que je pré-
tends opposer à Crates
& à Hipparchia, pour
justifier ce que l'His-
toire nous a conservé
de ces deux Grecs.

Le M. de B., las des
plaisirs qu'il goûtoit
avec la C. de R., voulut

en essayer de nouveaux
avec la D. de S. : celle-
ci , quoique jeune &
belle , aimoit son Ma-
ri ; il est vrai que le réciproque ne s'y trou-
voit pas ; le D. de S. ,
peu content de ce qui
auroit fait le bonheur
de tout autre , papil-
lonnoit près de toutes
les Belles. Sa jeune
Epouse le savoit , &
commençoit à en té-

moigner quelque dé-
pit, quand le M. de
B. témoin de toute cet-
te conduite, résolut
d'en profiter ; & pour
réüssir, il ne trouva
pas de meilleur moyen
que de mettre la C. de
R. dans ses interêts.
On s'étonnera que,
jeune comme elle étoit,
elle accepta un pareil
emploi ; mais son zéle
pour le Dieu d'Amour

ne lui laiſſa envifager que la gloire qu'il y avoit à le ſervir.

Lettres, préſens, viſites furent inutilement tentées ; la D. de S., ſoit ſageſſe, ſoit caprice, fut inflexible. La C. de R., piquée d'une réſiſtance ſi opiniâtre, eut recours à un dernier moyen, qu'elle crut infaillible ; elle lui propoſa *un médianoche dans les Bosquets d'Hisphaan, & ne nomma, pour être de la partie, que M. de B., qui pour lors étoit son Favori.*

Le rendez-vous fut accepté ; la C. & son Favori s'y trouverent les premiers ; la D. y vint aussi, comptant être seule avec eux ; mais B. qui avoit le mot, y vint presqu'en même-tems : il parut que ce fut par hazard, & la compagnie étoit trop polie pour refuser un pareil convive : chacun se plaça suivant les régles. B. près de la C., & le D. de B. à côté de la D. La C., qui ne vouloit pas que ses peines fussent perduës, prêchoit d'exemple, tandis que B. faisoit quelques ten-

tatives, mais inutile-
ment. Les exemples &
les tentatives échoüe-
rent : ce fut alors que
le M. de B., outré de
tant de refus, voulut
agir à force ouverte :
la D. se défendoit avec
courage ; mais la C.
accourant au secours,
terrassa son Amie, &
lui tenoit les mains. En
cet état, B. étoit prêt
à vaincre, quand la

D. de S. dégagea une de ses mains, & l'opposa au trait qu'on alloit lui lancer : cet obstacle lui sauva une partie de la blessure, mais ne la garantit pas tout-à-fait. Pendant que les combattans étoient ainsi animés, le malheur voulut que le C. de V. vint à passer ; les cris de la D. l'attirerent près du Bosquet : mais, quelle fut sa surprise ! quand au travers du treillage il entrevit des choses qui l'obligerent à tourner la tête ; il en apperçut cependant assez pour informer la Cour de cette avantu- re. Le saint Homme prit feu, aussi zélé pour le bon ordre, que le Juge le plus sévére de l'Aréopage, il jura d'en tirer vengeance : mais la C. de R., auſſi intrépide qu'Hipparchia, eſſuya d'un viſage aſſûré les aigres remontrances du Vieillard, & entendit, ſans ſourciller, l'ordre qui lui fut donné, de ſe retirer à D.

Je crois que la ſuite des avantures de la C. de R., comparées à celles d'Hipparchia,

feroit un parallele af-
fez jufte. Exilées tou-
tes deux pour une ac-
tion d'éclat, elles fou-
tinrent avec une fer-
meté héroïque les ef-
fets de la mauvaife
humeur de ceux, qui,
ne penfant pas comme
elles, fe crurent par
leurs autorités en droit
de condamner leurs
actions. Pour moi, qui
n'ai nul pouvoir, &

dont le ſuffrage en pareil cas ne ſeroit pas d'un grand poids, je me contente de donner au Public l'Hiſtoire d'Hipparchia, telle qu'elle l'a écrit. Tout le fruit que je retire de ma peine, eſt de connoître de plus en plus la reſſemblance qui ſe trouve entre tous les ſiécles. La Scéne peut changer de lieu, les

Acteurs se succédent les uns aux autres ; mais le sujet est toû-jours le même, & tous les tems fournissent au Dieu de Cythère des Dévots qui les solem-nisent.

HIPPARCHIA,

HISTOIRE PHILOSOPHIQUE,

TRADUITE DU GREC.

PREMIÉRE PARTIE.

MA façon de penser, *
la Secte dont je suis,
& la vie que j'ai menée
jusqu'ici, semblent me mettre

* *Voyez* Bayle, tom. 2. pag. 1471. Edit.
de 1720. La Haye. *Idem*, tom. 2. pag. 767.
Edit. de 1741. Basle.

I. Partie.   **A**

au-dessus des préjugés du vulgaire ignorant ; mais les discours que j'ai mille fois enten-
dus tenir à des personnes,
dont l'esprit passe pour être
au-dessus du commun, & en
qui l'autorité se trouve jointe
à la réputation, m'engagent à
me donner la satisfaction de
rappeller les actions de ma vie,
dont je puis me souvenir, pour
me convaincre de la précipitation de leurs jugemens. Ils
ignoroient sans doute, ces
graves censeurs de ma conduite, que je me fais gloire d'ê-
tre de la Secte des Cyniques,
que pénétrée de ses maximes
& de ses préceptes, je n'ai rien

cru qui ne me fût légitime-
ment permis par le genre de
vie que j'ai embrassé.

Maronée fut le lieu de ma
naissance, & je dois la vie à
des Parens bien partagés des
faveurs de la fortune : heureux dans leur aveuglement,
ils y faisoient consister leur
bonheur, croyant être parve-
nus à la suprême félicité, dès
qu'ils pouvoient en joüir sûrement, & les transmettre à
leur postérité. Telles sont les
maximes qu'ils ont voulu
m'inspirer, maximes auxquel-
les j'ai été opposée dès ma plus
tendre jeunesse ; j'en ignorois
la cause : mais, ô destin inévi-

table ! je joüiſſois dès lors d'u-
ne des vertus qui ont le plus
contribué à me rendre heureuſe ; je parle de cette ſage
indifférence, qui nous met au-
deſſus de la fortune même.
Auſſi, loin de m'amuſer aux
ouvrages qui faiſoient l'occupation des filles de mon âge
& de mon état, je ne me plai-
ſois qu'à la converſation de
mon frere Métrocles, qui ad-
mirant mes heureuſes diſpoſi-
tions, ne dédaignoit pas, malgré la foibleſſe de mon âge, de
s'entretenir avec moi ſur la
Philoſophie.

Quelque épineuſe qu'elle
parût, elle ne me dégoûta pas ;

j'espérai qu'avec le tems mon esprit se développeroit, & que je deviendrois plus en état de concevoir ce qui passoit alors ma portée. Tels étoient mes plaisirs, mon âge ne me permettoit pas encore d'en goûter d'autres.

Mon frere, que sa foible santé empêchoit souvent de se trouver aux Assemblées publiques, recevoit les visites de tout ce qu'il y avoit de mieux parmi les Philosophes ; il en voyoit de toutes Sectes, les Cyniques, sur-tout, y étoient bien reçûs ; il avoit dès lors un panchant secret pour leur doctrine, qui se confirmant de plus en plus, l'engagea enfin à se déclarer tout-à-fait pour eux.

Je le quittois peu pendant ses maladies, ainsi je voyois tous ceux qui lui rendoient visite; & l'amitié que mon frere me témoignoit, m'attiroit de leur part mille attentions. Les uns admiroient ma beauté, les autres mon esprit; enfin, c'étoit à qui me donneroit le plus de loüanges. Un seul parmi eux sembloit me mépriser; j'avois beau lui porter la parole, il me répondoit rarement, ou s'il le faisoit, c'étoit d'un air si brusque & si méprisant, que tout autre que moi en eût été rebutée. Mais dès lors je sentois des mouvemens secrets qui me le rendoient cher, quoiqu'il fut laid, bizarre & mal propre, ses façons n'avoient pour moi rien de choquant; je l'aimois, je tâchois de le lui témoigner en toutes occasions; mais loin d'en avoir la moindre reconnoissance, il n'avoit pas même pour moi les égards qu'ont les plus indifférens pour une fille de mon âge & de ma figure. Cependant, malgré des façons si extraordinaires, le tems ne fit qu'augmenter l'inclination que j'avois pour lui. Que de graces n'ai-je point à vous rendre, Dieux immortels ! de m'avoir fait connoître, dès ma plus tendre jeuneſſe, celui qui ſeul pouvoit me rendre la vie heureuſe.

Les Dieux en me formant, m'avoient prodigué tout ce dont ils avoient été ſi avares pour Crates ; autant il étoit pauvre & laid, autant j'étois riche & belle ; auſſi dès que mon âge le permit, une foule d'Amans vinrent ſe préſenter : mes Parens me les firent voir, c'étoit l'uſage ; mais je ne trouvai en aucun d'eux ce que j'admirois dans Crates : mon indifférence leur prouva que je n'agréois pas leurs recherches.

Mes

Mes Parens , peu surpris de ma conduite , la prirent pour modestie. Dieux! qu'ils se trompoient ; je n'ai jamais connu ce déguisement honteux , qui fait penser d'une façon & parler d'une autre : je leur déclarois mes sentimens naturels , ils ne les comprenoient pas ; devois-je leur en dire davantage ? A peine avois-je quatorze ans ! mon âge m'autorisoit à leur demander du tems pour penser au parti que j'avois à prendre ; ils me l'accorderent. Les réflexions que je fis pendant cet intervale , (ou livrée entiérement à moi-même , mes Parens s'imaginerent

que je me déterminois à un
parti convenable) exciterent
en moi des fentimens que je
ne connoiffois pas encore ; je
ne favois quel jugement en
porter : des troubles involon-
taires, une infatiable avidité
d'un bien qui me manquoit,
& que je ne favois où trouver,
une inquiétude dévorante, me
plongerent dans une langueur
que je croyois devoir durer
jufqu'à la fin de mes jours. Ces
Affemblées qui fe tenoient
chez mon frere, & dont j'a-
vois toûjours fait mes plus
cheres délices, n'avoient plus
d'agrémens pour moi ; fi je
fentois quelque foulagement,

ce n'étoit que lorsque j'entendois parler Crates ; alors , je l'avouë, une joie secréte s'emparoit de mon ame , mon sang couloit plus librement dans mes veines. Charmante Déesse ! divine Volupté ! tu me comblois déja de tes faveurs ; que je savois peu en profiter !

Mes Parens, désespérés du changement subit qui s'étoit fait en moi, employerent tout pour me rendre à mon premier état : ils penserent que rien n'y feroit plus propre que les * voyages ; mon goût décidé pour les Sciences, les confirma dans cette idée. Ils

* Cet expédient étonnera sans doute.

me conduisirent à Athénes ;
mais ni les exercices fameux
des Savans de cette Ville , ni
les plaisirs brillans que l'on y
goûte , n'apportoient aucun
changement à mon état ; ma
langueur augmentoit chaque
jour ; on cherchoit en vain à
en pénétrer la cause : enfin ,
à force d'étudier les mouvemens dont j'étois agitée , je
parvins à découvrir ce qui me
manquoit pour être heureuse ;
je connus que la possession de
Crates étoit le seul reméde
qu'on pût apporter à ma ma-
ladie. On se flatte aisément
quand on espére ; aussi ne dou-
tai-je pas que Crates ne con-

fentît à me donner la main.

Alors mon cœur, d'accord avec mon efprit, fe tranquilifa ; je ne refpirois plus qu'après le moment qui me devoit rendre mon cher Crates : je preffai mes Parens de retourner à Maronée ; ils y réfifterent d'abord, perfuadés qu'ils étoient qu'Athénes avoit produit le changement qu'ils admiroient : enfin, ils céderent à mes inftances. Avec quelle joie ne repris-je pas le chemin de ma Patrie ? C'eft le feul moment où elle m'ait été chere.

Déja enyvrée des plaifirs que je devois goûter, je m'y abandonnois entiérement ;

mon imagination échauffée me les renouvelloit à chaque instant : quelle vivacité ! quels transports ! Hors de moi-même, je croyois réellement les partager avec l'objet de mes désirs. Douce erreur, pourquoi m'abandonnois-tu ! ... Renduë à moi-même, je sentois tout le prix de la volupté, je ne m'occupois plus qu'à me procurer de ces douces réveries, de ces évanoüissemens pleins de charmes ; les désirs qui m'agitoient, faisoient une partie, ou plûtôt étoient la premiére cause du plaisir dont je joüissois.

Rien ne me le faisoit mieux

sentir que cette avidité que
j'avois à le saisir aussi-tôt qu'il
s'offroit ; alors la crainte de le
perdre & mille autres idées,
qui, comme autant de spectres
effrayans, venoient se présen-
ter à mon esprit, m'en faisoient sentir tout l'avantage.
Vous le savez, grands Dieux !
si dans ces momens précieux
j'ai négligé de prendre toutes
les précautions nécessaires
pour le conserver. Mais, ô
fortune ennemie ! que de revers n'eûs-je pas à essuyer, que
d'assauts à soutenir, avant que
de parvenir où je désirois !

Mes Parens me voyant ré-
tablie, me pressèrent de choi-

fir un Epoux ; ils me laiſſoient cette liberté , diſoient-ils, parce qu'elle devoit faire mon bonheur. La vie indifférente & libre que menoit Crates, vint alors ſe préſenter à moi avec tous ſes charmes ; j'étois tellement prévenuë en ſa faveur , que je ne doutai pas que mes Parens ne conſentiſſent à mon choix. Après quelque tems de délibération feinte , je leur déclarai ce que j'avois réſolu. La ſurpriſe où ils furent de m'entendre , les empêcha d'abord de m'interrompre : je pris leur ſilence pour un conſentement tacite ; je détaillai avec feu les raiſons que j'avois d'embraſſer ce genre de vie : l'empreſſement où j'étois de ſuivre librement mon inclination, déployoit en moi tous les reſſorts de cette éloquence naturelle, ſi propre à toucher les cœurs. Que devins-je, quand rappellés à eux-mêmes, j'eſſuyai de leur part les reproches les plus ſanglans, m'aſſûrant qu'ils ne conſentiroient jamais à un choix ſi ridicule ! Non, la mort la plus cruelle m'eût été mille fois plus douce. Ces menaces, quelques ſévéres qu'elles me paruſſent, ne m'épouvanterent pas aſſez pour me faire changer de réſolution. Mon cœur d'un ex-

cès de joie, où il s'étoit trop
tôt plongé, paſſa tout-à-coup
à des tranſports de fureur &
de rage que j'eus peine à ſou-
tenir. Inébranlable dans mon
deſſein, je réſolus d'avoir par
force ce que je ne pouvois ob-
tenir de gré ; je me modérai
autant que je pus. Vous pouvez, leur dis-je, faire ce que
vous jugerez à propos : Crates ſeul a droit d'être mon
Epoux ; je ſens que ſans lui
je ne peux vivre heureuſe,
& ſi vous perſiſtez dans vos
premiers deſſeins, je ſaurai
par une mort prématurée me
délivrer des tourmens que
vous me préparez, & que je

ne puis envisager sans frémir.

Je n'en dis pas davantage : ce peu de paroles prononcées avec fermeté, les fit lire dans le fond de mon ame ; ils connurent que j'étois fille à soutenir ce que j'avois avancé ; ainsi toute réflexion faite, ils consentirent à ma demande. Ce changement si prompt me donna plus de défiance que de satisfaction. Enfin, quoiqu'il pût arriver, j'étois entiérement décidée ; & la résolution de Crates, que j'avois vû quelque tems auparavant prêt à me seconder de tous ses efforts, me tranquilisoit. Je le cherchai pour lui faire part de la réponse que m'avoient fait mes Parens, & prendre avec lui les mesures nécessaires pour surmonter les obstacles qu'ils pourroient opposer à notre union. Le sort, qui dans ces momens ne sembloit respirer que ma perte, me le déroba pendant trois jours à mes recherches. Que ce tems me parut long! chaque moment étoit pour moi un nouveau sujet de peine; tantôt je me représentois Crates infidéle & parjure: Ah! me disois-je, entiérement abandonné à lui-même, il ne veut s'embarasser de rien, il craint que je ne lui sois à charge; mais qu'ap-

préhende-t'il ? ne connoît-il
pas mes dispositions ? peut-il
en douter ? Non, je ne com-
prends point comme l'esprit
peut être assez fort, pour sup-
porter les vicissitudes violen-
tes qui se succédent si rapide-
ment dans ces momens de cri-
se : Crates n'étoit pas le seul
que j'accusasse des maux que
je souffrois, je m'en prenois à
moi-même, aux Dieux, à toute la nature. Enfin, à force de
me tourmenter, je m'étois
persuadée que je ne devois
plus espérer de succès. Déja le
plus noir chagrin avoit succé-
dé à ces transports de douleur
& d'impatience, quand je ré-

folus de voir mon frere, pour apprendre de lui, pourquoi Crates s'étoit obftiné à me fuir pendant tant de tems. Il avoit vû naître mon panchant, il l'avoit approuvé, fes confeils m'y avoient affermie; j'avois droit d'efpérer de lui quelques confolations. Que de peines ne me ferois-je pas épargnée, fi je l'euffe confulté plûtôt!

Nos Parens, me dit-il, entiérement oppofés à vos deffeins, ont mis tout en ufage pour vous détourner du parti que vous voulez prendre : vous aurez peine à le croire; Crates lui-même a été follicité de fe détacher de vous; les

plus belles promesses, les pré-
sens, l'or, l'argent, rien n'a
été épargné pour le corrompre; son esprit ferme & géné-
reux lui a fait méprifer toutes
ces offres. Pour fe délivrer de
leurs pourfuites importunes,
il eft convenu avec eux, qu'il
ne vous verroit pas pendant
trois jours, & qu'il feroit même tous fes efforts pour vous
empêcher de vous unir à lui;
mais ne vous y trompez point,
ma chere Hipparchia, Crates
toûjours fidéle, ne refpire
qu'après le moment heureux
qui doit vous unir; foyez
conftante, réfiftez à fes difcours, & foyez sûre que nos

Parens, vaincus par votre fermeté, vous laisseront maîtresse de vos actions : Crates lui-même m'a averti de toute cette manœuvre ; je vous ai dit pourquoi il s'y étoit prêté : ainsi tranquilisez-vous, & comptez sur un heureux succès.

Mon frere ne m'avoit jamais trompée ; je me livrai entiérement à ses conseils, & je me préparai à la scéne violente que j'avois à soutenir. Je touchois au moment qui me devoit rendre Crates, mais mon impatience l'emporta. Je l'envoyai chercher & il vint aussi-tôt. J'en avois trop fait pour

me

me déguiſer davantage. Mes Parens furent témoins des tranſports de ma joie ; quand je le vis près de moi, je l'accablai de careſſes les plus tendres. En vain il me rebuta, je ne ceſſai, que pour lui laiſſer un moment de liberté, qu'il me demanda pour m'expliquer ſes intentions.

Y penſez-vous, Hipparchia, me dit-il, avec cet air rude qui lui étoit ſi naturel ? Quoi ! à la fleur de votre âge, dans le ſein des richeſſes & des délices, vous voulez tout quitter pour ſuivre un homme pauvre & déja vieux ? Que pouvez-vous en attendre ? Incapable de

I. Partie.   C

changer, vous ne pouvez pas même efpérer de lui les plaifirs que tout autre pourroit vous procurer ? Ah ! m'écriai-je, pourquoi vouloir augmenter mes peines ? Non , Crates, tous ces aveux font inutiles, vous feul pouvez faire mon bonheur. Prête à vous fuivre, je renonce à tout. He bien, ajouta-t'il, encore plus irrité, voyez mes biens, * examinez mes habillemens, confidérez mon corps , c'eft tout ce que je pofféde, & ce que je poffé-derai jamais : ma beface & mon bâton me font plus chers

---

* Son bâton , fa beface & fon manteau. Bayle, tom. 2. pag. 1472.

que le plus brillant équipage :
je déteste les honneurs, je mé-
prise les richesses, & pour vivre avec moi, il faut que vous
ayez les mêmes sentimens.
Avec quelle ardeur ne suivis-
je pas ses conseils ! Je quittai
ces vains ornemens, cette inutile parure, dont jusqu'alors
on m'avoit chargée malgré
moi, je ne me reservai qu'une
simple robe. Crates, charmé
de mon empressement, me
reçut avec tendresse entre ses
bras : son front se dérida pour
la premiére fois. Quoiqu'en-
chantée de mon nouvel état,
il me manquoit encore quelque chose, un feu secret me

confumoit , je fentois que Crates pouvoit l'éteindre ; je le
preffai de nous unir par des
liens plus étroits. Animée de
cette douce efpérance , je
quittai la maifon de mon Pere
avec une joie fans égale. Crates craignoit encore la vengeance de mes Parens : ils
croyent , me dit-il , que je vous
ai féduit ; fuyons , gagnons
Athénes ; là , libres de toute
inquiétude , nous fatisferons
nos défirs. Que ce retarde-
ment me coûta cher ! Il fallut
cependant m'y réfoudre. Enfin , après un chemin fort rude , qui me parut encore plus
long , nous arrivâmes à cette

Ville tant désirée. Dieux ! que je m'y dédommageai bien des peines que j'avois eu à y venir… * Fameux Portique, lieu charmant, ce fut toi qui vis le premier mes transports amoureux : Que dis-je ? le ciel , la terre , tout fut témoin de mes plaisirs. Hors de moi-même , j'y goûtai des plaisirs divins , j'y vis la volupté avec tout ce qu'elle a de plus charmant, je commençai véritablement à profiter de ses faveurs. O vous, mortels insensibles , froids contemplateurs d'un spectacle si touchant ! quoi ! à la vûë de tant de délices, vous restâ-

* Bayle , pag. 1472.

tes immobiles ! Bien plus, un lâche, un ſtupide envia au ſoleil la gloire de nous éclairer; il voulut nous couvrir d'un manteau ; mais ſa * précaution fut inutile : ce voile incommode parut ſe retirer de lui-même. Une Puiſſance plus qu'humaine, préſidoit à nos actions, & approuvoit, ſans doute, nos plaiſirs. Heureuſe, ſi elle les voyoit ſans jalouſie !

Crates ne put fournir longtems une carriére ſi pénible, ſes forces épuiſées l'abandonnerent entiérement. Quelle fut ma ſurpriſe, quand j'apperçus le changement qui s'é-

* Bayle, *ibid.*

toit fait en lui ! il me parut si extraordinaire , que je crus que c'en étoit fait. Non , je ne pus me persuader qu'il fût jamais en état de goûter des plaisirs semblables à ceux que je venois de partager avec lui. Je pensai m'allarmer , mais les idées voluptueuses , dont j'étois remplie , l'emporterent sur tout autre sentiment. Victorieuse de Crates , je crus pouvoir joüir de la liberté permise par la Secte que j'avois embrassée ; je triomphois sur le champ de bataille , & j'attendois avec impatience que quelqu'un voulût entrer en lice avec moi , & tâchât de remporter une victoire que Crates m'avoit inutilement disputée. O foiblesse humaine ! j'y vis des Philosophes de toutes Sectes , j'y vis des hommes de tout âge : le dirai-je ? j'y vis des Cyniques, qui, le feu dans les yeux , ne respiroient que le combat , & je n'en vis pas un assez hardi, pour venir éteindre sur le champ une flamme , dont il aimoit mieux dévorer en lui toute l'ardeur, que de rendre le Public témoin d'une si belle lute. Comblée encore des plaisirs que je venois de goûter, je faisois tous mes efforts pour les empêcher de fuir ; mais ce

fut

fut en vain, j'en avois éprouvé
de trop réels pour me contenter des imaginaires ; il fallut
les quitter & étouffer les res-
tes de ce sentiment qu'on appelle honte , suite des ridicu-
les idées que l'on m'avoit ins-
pirée dans mon enfance. La
peine que je sentis , en perdant
la joüissance d'un plaisir si
doux , me fit connoître combien il nous est nécessaire &
combien il est difficile de s'en
priver. Qu'on ne s'y trompe
point ; ceux même à qui il a
plu aux hommes de donner le
nom de Sage , sont ceux qui
s'en sont le moins abstenus.
Continuellement occupés à

I. Partie.   D

décrier la volupté & ses douceurs , ils s'y livrent entiérement en secret. Déguisement
honteux , dont ne peut être
capable un esprit qui sait penser sainement de toutes choses , & prendre assez sur lui-
même pour se mettre au-dessus des faux jugemens du Public.

Ennuyée d'attendre sous le
Portique , & voyant qu'aucun
des spectateurs n'avoit assez
d'audace pour m'aborder , je
sortis brillante d'un nouvel
éclat. Une noble fierté m'ani-
moit.... Dieux ! quelle satisfaction ! Je ne vis plus la pompe & le faste des grandeurs

que comme des objets mépri-
sables. Indépendante de tout,
je participois en quelque sorte
au bonheur de la Divinité.
Mon esprit, occupé de ces
avantages, étoit plongé dans
une réverie profonde, & je
marchois, sans savoir trop où
aller, quand Anthisténe vint
me rappeller à moi. Je lui fis
le détail de ce qui venoit de se
passer. Charmé de ce que je
portois si haut les interêts de
sa Secte, il me prodigua les
loüanges les plus flatteuses :
ses applaudissemens furent suivis de quelques caresses, aux-
quelles je répondis fort librement ; & ne cherchant que

l'occafion de l'éprouver, & de connoître par moi-même s'il étoit homme à foutenir ce qu'il avançoit, je lui propofai l'épreuve par où Crates venoit de me faire paffer. L'embaras où je le vis d'abord, me mit en doute fur le parti qu'il prendroit. Les yeux attachés fur moi, il refta quelque tems à me confidérer. Impatiente de ce délai, je le preffai vivement d'en venir à une explication plus circonftanciée. Oüi, ma chere Hipparchia, me dit-il, il eft jufte de céder à tes inftances & de faire avec toi l'effai d'un plaifir que je ne me fouviens pas d'avoir goûté.

Ne retournons pas sous le Portique, il ne faut pas que cet endroit seul soit le théâtre de tes triomphes ; choisissons quelqu'autre place. Flattée de ce qu'il venoit de me dire, j'espérois de goûter les mêmes plaisirs auxquels j'avois été si sensible. Je le suivis avec empressement. Que cet endroit me parut éloigné ! Nous nous arrêtâmes enfin, & Anthisténe, plus par complaisance que par goût, crut pouvoir partager avec moi les transports dont il me voyoit agitée. Qu'il se trompoit ! Au premier assaut il fut vaincu & mis hors de combat : loin d'éteindre

mes défirs, il ne fit que les ir-
riter, & fa foibleffe me rendit
furieufe à un point, que je fus
long-tems fans favoir ni avec
qui, ni où j'étois... Mais quelle
fut ma furprife, quand devenuë plus tranquile, je me vis
enfermée dans une maifon!
Quoi! lui dis-je, trompeur,
eft-ce ainfi que tu m'abufes?
eft-ce là cette place où tu voulois rendre le Public témoin
de ta fermeté à foutenir tes
préceptes? Non, tu n'es rien
moins qu'un Cynique: va, je
t'abhorre; affez d'autres fans
toi foutiendront mon parti;
fuis, cache ta honte & ta foibleffe. Son attention à m'é-

couter, & fa tranquilité cal-
merent un peu ma fureur.…
Penfez-vous, me dit-il, que
ma conduite foit fi blâmable ?
je n'ai aucun tort de n'avoir
pas voulu rendre le Public témoin d'une foibleffe qui nous
eft commune avec les bêtes.
Tel eft le fort de l'homme, fait
pour être le joüet des Dieux,
il eft fujet à mille néceffités,
dont il ne peut s'empêcher de
rougir.…. Ce difcours me fit
frémir. C'eft en vain, lui dis-
je, que tu couvres ta faute
par une plus grande ; mille fois
plus à plaindre que le moins
éclairé des mortels, tu dé-
mens par tes actions les maxi-

mes que tu étales chaque jour avec tant de pompe. N'est-ce pas de toi que j'ai appris à ne point rougir de ce que le vulgaire regarde comme honteux ? Quoi de plus noble & de plus charmant, en effet, qu'une action qui nous immortalise, à laquelle cependant tu veux attacher tant de honte ? Vieillard insensé, prêt à finir ta course, peux-tu croire que la mort d'un homme soit plus glorieuse que sa création ? L'homme meurt en public, & dans ces momens critiques, il se donne en spectacle ; & pourquoi ? c'est qu'alors il voit la vérité telle qu'elle est, il reconnoît le ridicule des préjugés , & emploie utilement le peu de tems qui lui reste ; personne ne lui conteste l'équité de cette action ; on l'admire, on le louë à proportion qu'il témoigne plus ou moins de courage. Et quelles loüanges ne méritai-je pas , pour avoir triomphé des préjugés de tout un Peuple spectateur, envieux de ma fermeté ? Jamais tu ne me persuaderas que la destruction d'un être ait quelque chose de plus noble que sa production. Je te quitte ; donne à l'univers étonné le spectacle frappant d'un esprit qui ne sait pas se soutenir lui-même. Je lui parlai pour la derniére fois ; auffi exacte à le fuir, qu'il étoit empreffé à fe raccommoder avec moi, je l'évitai par-tout, & je connus alors combien peu j'avois à efpérer de ceux de ma Secte. Le dirai-je ? Je me repentis prefque de l'avoir embraffée, non que je défapprouvaffe la liberté qu'elle donne ; au contraire, elle faifoit tous mes charmes, elle donnoit un libre accès à cette douce volupté, au-deffus de laquelle je n'ai jamais rien connu.

Je fortis bientôt de cette incertitude. Un jeune-homme grand & bien fait, & dont la force paroiſſoit l'emporter ſur la beauté, m'avoit paru plus ſuſceptible que les autres des plaiſirs qu'il m'avoit vû partager avec Crates. Je le regardai dès lors comme celui qui pouvoit contribuer à ma félicité. Je ne le connoiſſois pas, & ne ſavois où le trouver... Amour! tu conduiſis mes pas, ton divin flambeau m'éclaira; pouvois-je manquer de le rencontrer? Bleſſé du même trait que moi, je le trouvai dans une Aſſemblée publique diſtrait & rêveur, moins occupé, ſans doute, de ce qui s'y paſſoit, que des moyens de me voir. Quelle fut ſa joie, quand il

apperçut que je l'abordois fa-
miliérement! La situation où
il m'avoit vû avec Crates, le
fit juger que je n'étois pas affez cruelle pour le laiſſer lan-
guir. M'ayant tirée à l'écart,
il me propoſa de me conduire
dans une maiſon, dont il diſ-
poſoit abſolument. Là, me
dit-il, dans une abondance
parfaite de toutes choſes,
nous goûterons à loiſir les plaiſirs les plus doux. Tout ce qui
avoit l'air de contrainte étoit
incompatible avec moi; auſſi
lui propoſai-je à mon tour de
lui prodiguer ſur le champ les
careſſes les plus tendres. Je ne
pus le vaincre. Je ſuis à plain-

dre, me dit-il, charmante Hipparchia, de n'avoir pas autant
de fermeté que vous : les fentimens que j'ai fucé avec le
lait & qui me dominent entiérement, ne me permettent
pas d'accepter la propofition
que vous me faites ; mais par
tout ce que la volupté a de
plus délicieux, par le feu divin
qui me dévore, par Vénus même, belle Hipparchia, cédez
à mes inftances, laiffez-vous
conduire à cette maifon que
je vous ai indiqué ; là, je vous
le repéte, vous vous trouverez au centre des plaifirs.

Que faire en pareil cas ? Je
n'avois pas à choifir ; par fes

fentimens je ne pouvois igno-
rer que je ne trouverois perfonne qui pût fe réfoudre à
partager mon inclination à
braver le Public. Je l'aimois,
que falloit-il de plus pour
m'engager à le fuivre ? Je con-
fentis à tout ce qu'il voulut :
on peut croire que nous n'eû-
mes rien de plus preffé que de
nous rendre au plûtôt à cet
endroit tant défiré. Dieux !
quels plaifirs n'y goûtai-je pas !
L'Amour lui-même ne peut
en éprouver de plus parfaits :
la nature attendrie fembloit y
prendre part ; la vigne s'attachoit plus étroitement à l'or-
meau ; les oifeaux redou-

bloient leurs concerts amoureux; les fleurs s'entrelaſſoient
les unes aux autres ; le ſoleil
même ſembla s'épurer pour
éclairer nos tranſports. Agaſy-
ſyrthe , le charmant Agaſyrthe me diſputoit ſi vigoureu-
ſement la victoire , que je ne
ſais lequel dans ce combat
amoureux l'eût remporté , ſi
fatigués plûtôt que vaincus,
nous ne nous fuſſions retirés
d'un commun accord.

Je connus alors juſqu'où le
plaiſir pouvoit aller , je l'a-
vouë, j'en étois tellement avi-
de, que je ne déſeſpérai pas de
pouvoir en goûter de plus parfaits. Que les Cyniques me

parurent au-deſſous d'Agaſyrthe ! je ne parle pas d'Anthiſ-
téne , il ne connoiſſoit pas la
véritable volupté , & étoit
hors d'état de la jamais connoître. Crates, lui qui paſſoit
pour le plus voluptueux de
tous, à peine, malgré tous ſes
efforts, avoit-il pû me donner
une légére idée des plaiſirs,
dont je venois de joüir. Non,
il ne me manquoit plus rien
pour être heureuſe ; je me
trouvai amplement dédom-
magée de la ſatisfaction que
j'aurois euë à braver le Peuple
d'Athénes, j'y devins ſenſible;
je rappellai là-deſſus toute
mon indifférence : il ſavoit, à
n'en

n'en pouvoir douter , à quel point je portois la fermeté Cynique. Ainſi , raſſûrée ſur la réputation que j'avois voulu me faire , je réſolus de pouſſer auſſi loin qu'il me ſeroit poſſible les plaiſirs que j'attendois d'Agaſyrthe.

Ses empreſſemens toûjours nouveaux , ſon ardeur qui paroiſſoit renaître à chaque inſtant , étoient pour moi une ſource intariſſable de délices. Puiſſante Déeſſe ! toi ſeule que j'ai reconnuë pour ma Souveraine , tu nous comblois de tes faveurs les plus précieuſes ! Momens heureux ! j'expirois entre les bras d'Agaſyrthe ,

I. Partie.   E

Agasyrthe se pâmoit entre les miens, nos plaisirs confondus, nos cœurs réünis joüissoient de la félicité la plus parfaite. Helas! que le reste des hommes nous sembloit peu de chose. Ce fut, j'ose le dire, le siécle d'or de ma vie; mais qu'il dura peu! Agasyrthe, le tendre, le volupteux Agasyrthe, de la plus douce volupté passa à un chagrin mortel; sa foiblesse me fit croire qu'il étoit arrivé au terme fatal de sa vie; je n'envisageai qu'avec horreur la séparation qui se devoit faire entre nous. Que je connoissois peu les hommes!

Agasyrthe désespéré, me fit

le récit de la situation où il se
trouvoit; je tremblai jufqu'à
ce qu'il m'eût appris qu'il ne
falloit que peu de tems pour
le rétablir. Ah! lui dis-je, ne
t'allarme plus, rappelle tes forces, je t'en conjure par la volupté même; d'autres en at-
tendant peuvent me contenter; fois fûr que tu me trouveras toûjours la même, &
prête à faire avec toi les facri-
fices les plus agréables à l'A-
mour. Ah! cher Agafyrthe,
l'idée des plaifirs dont tu m'as
comblée, me poffède encore
toute entiére : de grace, ne la
laiffe pas fuir ; je fais que tu ne
peux pas l'entretenir ; mais tu

as des amis, tu connois de jeu-
nes Athéniens, appelle-les ici:
ſpectateurs des plaiſirs que
nous goûterons enſemble, tes
forces en reviendront plus vîte, & tu te ſentiras plûtôt en
état de les partager avec eux.
O caprice de l'eſprit humain!
Agaſyrthe inſenſible à mes careſſes, inexorable à mes priéres, fut ſourd à toutes mes de-
mandes : jaloux d'un bonheur
que tant d'autres lui envioient,
il ne voulut le partager avec
perſonne. Le cœur rempli d'a-
mertume, il ne regarda plus
ma paſſion, qui juſqu'alors
avoit fait ſes délices, que comme une débauche outrée. Il

me fit les plus vifs reproches;
il alla jusqu'à m'accuser de l'a-
voir reduit à l'état misérable
où il se trouvoit.

Je l'écoutois sans mot dire,
& ma tranquilité alloit changer son dépit en fureur, quand
je lui répondis en ces termes :
Finissez de grace, votre esprit
encore plus malade que votre
corps, a besoin de repos, la
colére vous est plus dange-
reuse que vous ne pensez.
Adieu, je vous quitte, je ne
veux plus altérer votre tranquilité. Je partois, en effet;
car je croyois pouvoir sortir
encore plus librement que je
n'étois entrée. Je me trom-

pois ; Agafyrthe outré , or-
donna que l'on me. retint.
Mon premier deſſein fut d'em-
ployer la force pour me déba-
raſſer ; mais que pouvoient les
foibles efforts d'une femme,
qui avoit à ſe défendre d'une
foule d'Eſclaves ? Je cédai à
propos , & je ſus ſi bien diſſi-
muler, qu'Agaſyrthe trompé,
crut que j'étois réſoluë de vivre avec lui tant qu'il jugeroit
à propos : j'affectai une grande tranquilité. Je réfléchiſſois
beaucoup , & c'étoit ou ſur
les moyens de m'échapper de
ſa maiſon , ou ſur ceux de modérer le panchant que j'avois
pour le plaiſir. Pour le pre-

mier, je ne doutois pas d'en trouver bientôt l'occasion : la seule idée du second me faisoit frémir. Je ne prévoyois rien de plus malheureux, que d'être reduite à ne pouvoir me livrer sans contrainte à la volupté.

Pendant ce tems, un Esclave favori d'Agasyrthe, jeune, bien fait, & qui par ses sentimens s'élevoit au-dessus de son état, brûloit des mêmes feux que son Maître : il avoit été témoin de l'empressement que j'avois eû à les éteindre, & il crut que mon inclination dominante lui feroit trouver en moi assez de

facilité pour contenter ſes déſirs. Il ne ſe trompoit pas;
en toute autre circonſtance,
quels charmes n'eus-je pas
trouvé à faire un ſi beau ſacri-
fice à l'adorable Cypris ? Mais,
ô divine Volupté ! que d'amer-
tumes étoient mêlées à tes faveurs ! Privée de ma liberté,
tout m'étoit odieux, dans un
endroit où j'étois retenuë par
force. En vain Ilotas (c'eſt le
nom de cet Eſclave) tâchoit
de me faire connoître ſes ſentimens : toûjours attaché à
mes pas, ſous prétexte de me
garder, il trouvoit mille occa-
ſions de me fatiguer de l'inutile aveu d'une flamme que je
mé-

méprisois : mes refus ne faisoient que l'enflammer davantage ; enfin, il en vint à un
point, que je le menaçai de
me plaindre à son Maître de
son impudence. Ce mot fut
pour lui un coup de foudre. Il
n'osa pas me répondre. Qu'il
avoit occasion de se venger !
Je voulois m'échapper, lui
seul pouvoit m'en donner les
moyens. Quels reproches ne
me fis-je pas ! quand réfléchis-
sant sur ma conduite, je connus que mon ressentiment
avoit retardé ma liberté. Je
changeai de façon avec Ilotas :
autant je l'avois rebuté, autant je devins complaisante

I. Partie.   F

pour lui. Lorſque j'étois ſeule,
je lui faiſois mille agaceries : ſes
feux rallumés devinrent plus
violens ; il me preſſa de le ſatis-
faire ; je le refuſai, mais de façon à l'enflammer davantage.
Voyant enfin que je pouvois
l'engager à tout, je lui deman-
dai, ſi pour prix des derniéres
faveurs, il vouloit m'aider à
fuir d'un lieu que je déteſtois.
Ah ! me dit-il, pouvez-vous
douter de mon empreſſement
à vous obéir ? Nous ſommes
près de la nuit ; le Ciel couvert
de nuages ſemble favoriſer notre entrepriſe, & trop heureux de vous ſervir, je trompe
avec joie un Maître que je dé-

tefte, dès qu'il a ofé vous con-
traindre. Modérez vos tranf-
ports, lui dis-je, vous ignorez
apparemment les coûtumes de
ce Pays : un Maître a droit de
faire arrêter fon Efclave par-
tout où il le trouve. Accom-
pagnez-moi jufqu'auprès d'A-
thénes, là je vous tiendrai ma
promeffe, & la nuit fera affez
longue pour vous donner le
tems de vous retirer, fans que
l'on vous foupçonne d'avoir
favorifé ma fuite. Aveuglé par
les plaifirs qu'il efpéroit, le mi-
férable Ilotas confentit à tout.
Nous fortîmes auffi-tôt que
nous le pûmes. Sa paffion me
touchoit vivement : j'euffe été

charmée de lui procurer fa liberté ; mais ne le pouvant,
je l'en dédommageai par des
faveurs qui lui devinrent fu-
neftes. Que nous penfions peu
au trifte fort qui l'attendoit !
Il me conduifit jufqu'à la porte
d'Athénes, & retourna avec
précipitation chez Agafyrthe.

Si le flambeau de l'Amour
l'éclairoit en fortant, les plus
cruelles furies accompagne-
rent fon retour. Agafyrthe,
agité de foupçons inconnus,
n'avoit pû s'endormir : il fe
promenoit par fa maifon,
quand il entendit dans l'obfcurité marcher quelqu'un qui
venoit à lui. Il s'arrête, & le

malheureux Ilotas alla se jetter lui-même dans les bras de
son bourreau. D'où viens-tu ?
lui dit-il. L'Esclave étonné,
n'eut pas la force de répondre. Agasyrthe crie, appelle
tous ses Esclaves. Ilotas im-
mobile, ne songe pas même
à fuir, & se laisse arrêter. En
vain on l'interroge pour savoir d'où il sort, il s'obstine à
garder le silence. Tous les do-
mestiques, allarmés de voir
que je ne paroissois point pendant ce tumulte, coururent
à mon appartement. On me
cherche par toute la maison,
on ne m'y trouve plus. Agasyrthe, connoissant la cause

de son inquiétude , fait lier Ilotas , lui arrache au milieu des tourmens l'aveu de ce qu'il venoit de faire , & termine sa vie par la mort la plus affreuse.

Jour à jamais détestable ! comment osas-tu prêter ta lumiére à une action si barbare ? Et toi , puissant Dieu des plaisirs ! laisseras-tu ce forfait sans en tirer vengeance ? Helas ! cet Agasyrthe , ce furieux vit encore ; comblé des dons des Dieux & des faveurs de la fortune , il en joüit avec une sécurité qu'il semble avoir aquise par un crime si énorme. Ineffable Providence ! est-ce ainsi que tu te plais à confondre nos idées , en prodiguant aux méchans des recompenses qui ne sont dûës qu'au mérite & à la vertu ? Mais mon ressentiment m'emporte trop loin : non , ce ne sont point des bienfaits; continuellement occupé du soin de conserver ou d'augmenter ses biens , ils deviennent pour lui autant de furies qui le tourmentent sans relâche.

Fin de la premiére Partie.

HIPPARCHIA,

OU

LA COURTISANNE GRECQUE.

SECONDE PARTIE.

HIPPARCHIA,

HISTOIRE

PHILOSOPHIQUE,

TRADUITE DU GREC.

SECONDE PARTIE.

Que l'homme seroit heureux, s'il pouvoit sans satiété & sans interruption se livrer aux charmes de la volupté! Il pourroit se vanter d'avoir atteint le souverain bien ; ses désirs ne naî-

II. Partie.   G

troient que pour être com-
blés ; il ne seroit plus en proie
aux soins, aux inquiétudes &
au dégoût, mille fois plus ter-
ribles qu'eux.

Le goût décidé que nous
avons tous pour la volupté,
est une preuve de ce que j'a-
vance ; j'en prends à témoin
l'univers entier. Où est l'homme qui trouve quelque chose
de plus parfait que la joüissance du plaisir ? Cette indifférence, cet oubli général où il est
de toutes choses , prouvent
combien dans ce moment il
est tranquile & satisfait.

Mais comme il ne lui est pas
donné de se procurer lui-mê-

me cette heureuſe continuité
de plaiſirs , il faut qu'il y ſup-
plée & travaille à ſon bonheur
autant que ſes forces lui permettent , c'eſt-à-dire, toûjours
avec prudence & modération.
Qu'y a-t'il en effet de plus à
craindre ? Qu'y a-t'il de plus
terrible que l'état auquel le re-
duiſent les excès auxquels il
ſe laiſſe emporter ?

Agaſyrthe en étoit une
preuve ſenſible ; je l'avois vû
néyé dans le plaiſir , oublier
le reſte de la terre avec une
ſatisfaction ſans égale ; enfin,
je l'avois vû parfaitement heureux ; quelques inſtans après
je l'avois vû triſte , inquiet,

abattu. Fâcheux état ! qui l'a-
voit conduit jufqu'à la fureur.
Un fi funeſte changement
m'avoit vivement touchée ; je
ne craignois rien tant que de
l'éprouver encore. Dieux tous
puiſſans ! vous m'en avez pré-
ſervée ; que ne vous dois-je
point pour un tel bienfait ! La
réflexion ſeule a pû modérer
cette vive ardeur pour le plaifir qui me dominoit entiérement ; car en lui preſcrivant
des bornes raiſonnables , je
connus par ma propre expérience , que débaraſſée de tout
autre ſoin , je pouvois porter
mon bonheur à ſon point de
perfection , en ce que mon

imagination étant toûjours occupée de la volupté, l'idée seule auroit pour moi des charmes peu comparables, à la vérité, à ceux de la joüissance; mais du moins assez forts pour me dérober aux inquiétudes qui tourmentent sans cesse le commun des hommes, & qui les mettent hors d'état de goûter des plaisirs purs. C'est ainsi que la fureur d'Agasyrthe & la fin tragique d'Ilotas me rendirent à moi-même, & que dans le malheur de l'un & de l'autre, je parvins à trouver mon bonheur.

Ces résolutions prises, je retournai chez Crates, je lui

trouvai cet air rude , ces ma-
niéres brufques , ces difcours
choquans que j'avois toûjours
connu en lui. Quel changement pour moi! Accoûtumée
aux difcours tendres & flat-
teurs d'Agafyrthe , je me
voyois vis-à-vis d'un homme
qui n'avoit jamais fouri. Mais
à quoi m'arrêtai-je ? Je joüif-
fois d'une liberté parfaite ; que
me falloit-il de plus ? Je triomphai encore une fois des ridi-
cules préjugés des Athéniens ;
Crates me conduifit près du
Temple de Minerve , & là
nous montrâmes au Peuple
affemblé combien nous fai-
fions peu de cas des fauffes

maximes de sagesse & de prudence, qu'il a plu au vulgaire
d'attribuer à cette Déesse. Notre fermeté pensa nous coûter
cher ; les Athéniens, jaloux
de notre bonheur, ne préten-
dirent pas moins que de nous
en priver pour jamais. Des
hommes infames, nés pour la
perte & le malheur de la so-
ciété ; des délateurs iniques
nous accuserent de renverser
l'ordre établi dans la République, & de braver hautement
les loix. L'Aréopage, cette
Assemblée si fameuse, dégé-
néra cette fois de cette équité, que l'on disoit incorrupti-
ble : elle nous enjoignit, ou

de ceſſer nos déſordres ; car
c'eſt ainſi qu'elle qualifioit notre conduite, ou de quitter la
République, & cela ſous peine
du dernier ſupplice. Cet Arrêt,
quelque dur qu'il pût paroître,
n'eut rien d'affligeant pour
moi. Crates, cet homme que
je croyois ſi ferme, parut dé-
concerté. Il faut, dit-il, céder à la force : nos préceptes,
joints à l'autorité, pourroient
triompher des fauſſes préven-
tions, & nous venger des jugemens iniques des hommes.
Par malheur, nous avons l'autorité contre nous ; nos préceptes, quelques juſtes qu'ils
ſoyent, ſont une foible reſ-

source, sur-tout avec des hommes qui les désapprouvent : Ainsi que faire ? Mon parti est pris ; je céde à la force : nos plaisirs pour être secrets, n'en feront pas moins exquis.

Lâcheté honteuse ! déguisement détestable ! m'écriai-je, à qui se fier désormais, si celui que je croyois le plus intrépide de tous les hommes, a le cœur si bas ? Ecoute-moi, lui dis-je, & suis mes conseils, sinon je t'abandonne pour jamais. Cédons à la force , j'y consens ; mais cédons-y sans bassesse ; fuyons cette Ville ingrate, fuyons ces Juges iniques ; d'autres , moins prévenus qu'eux, nous recevront favorablement. Que ces hommes aveugles condamnent nos actions, nos peres leur en ont donné le droit ; qu'ils triomphent de notre liberté, c'eſt à quoi je ne conſentirai jamais. Partons, je t'en conjure ; qui peut te retenir ici ? Ce ne ſont pas tes amis, je ne t'en connois point ; ce n'eſt pas l'amour de la Patrie ; l'univers entier t'eſt égal ; par-tout tu trouveras ta maiſon, par-tout tu trouveras ta famille : de grace, épargne au Public, déja prévenu contre nous, le ſpectacle de ta foibleſſe & de ton changement.

C'en étoit fait, Crates ébranlé alloit céder, s'il n'eût pas trouvé en moi une fermeté à laquelle il n'osoit s'attendre. Etonné de la vivacité de ma réponse, il me dit qu'il me rendroit l'arbitre de son sort, & que je n'avois qu'à décider de l'endroit où je voulois me retirer, qu'il étoit prêt à me suivre, fut-ce aux extrêmités de la terre. Partons donc, lui dis-je, cherchons un azile, où, à l'abri de la censure & de l'envie, nous puissions joüir librement du seul bonheur, auquel nous ayons droit de prétendre.

Déesse du plaisir ! adorable

Vénus ! tu nous conduifis à Lampfaque : ce lieu charmant, où le bonheur & les plaifirs fembloient unis pour jamais, étoit le théâtre de la liberté. * Demetrius l'avoit choifi pour s'y venir délaffer quelquefois des travaux de la guerre, qu'une ambition démefurée lui faifoit foutenir ou entreprendre. Dieux ! qu'il étoit à plaindre, ce Prince magnanime , qui dans de certains tems paroiffoit joüir de la félicité la plus parfaite, paroiffoit dans d'autres né pour la deftruction du genre humain ; car alors le fer, le feu, le pillage, enfin, tout

* *Voyez* Moreri, Edit. 1732. Paris.

ce que la guerre a de plus hor-
rible, sembloient faire ses désirs. Livré à l'insatiable avidité
de commander , il entassoit
conquêtes sur conquêtes , &
ne se croyoit heureux qu'à
proportion qu'il voyoit augmenter ses soins ; il ne pré-
voyoit pas que cet effroyable
exercice causeroit sa ruine.

Ce ne fut pas dans ces tems
malheureux que j'arrivai à
Lampsaque. Demetrius , ex-
cédé des travaux de la guerre ,
avoit donné relâche à son ambition , & joüissoit tranquilement des plaisirs , qui seuls
peuvent rendre l'homme véritablement heureux, & il en

jouïſſoit avec cette vivacité, qui ſeule y peut mettre le prix.

Le bruit de ma beauté & de ma hardieſſe m'y avoit précédé ; tous s'empreſſoient à me voir , aucun ne me vit avec indifférence. Je fus préſentée à Demetrius ; il me fit un accuëil charmant. Votre réputation , me dit-il , vous a prévenuë dans ces lieux ; je vois avec plaiſir que vous la soutenez parfaitement. Mes Sujets, enchantés de votre arrivée, ne parlent plus que de vos charmes , & ils eſpérent d'autant plus de vos bontés , qu'ils ſe perſuadent que vous ne ſerez pas plus ſévére pour eux, que pour les Athéniens. Vous n'avez plus de revers à craindre. Ce séjour ne respire que la volupté ; chacun s'y livre à mon exemple ; suivez votre panchant en toute liberté, & contribuez à votre bonheur & à celui de mes Sujets. Grand Roi ! lui répondis-je, un peu d'expérience a mis de justes bornes à mes désirs : je commence à connoître ce qui peut me rendre heureuse, & je n'ignore plus les précautions que je dois prendre pour rendre mon bonheur durable. J'ai bravé les Athéniens, je l'avouë ; j'ai cherché à me donner une idée parfaite de la volupté ; mais les suites funestes que mes plaisirs ont eu, m'ont appris à me modérer.

Demetrius fut satisfait de ma réponse. Quoique toûjours occupé ou des horreurs de la guerre, ou des douceurs de l'amour, il n'en étoit pas moins doüé de la plus saine raison. Ce Prince inaccessible à la prévention, l'admiroit par-tout où il la trouvoit ; doux, affable, modéré, il paroissoit être né pour faire joüir les hommes des délices du siécle d'or : seulement à plaindre, en ce qu'il ne se plaisoit pas moins à la fureur des combats, qu'à la pratique de toutes ces vertus ;

tus ;

tus; il regardoit la manie de ceux que l'on appelle conquérans, comme une des vertus les plus sublimes. Helas! plus malheureux que condamnable, les siécles les plus reculés lui en fournissoient des exemples toûjours applaudis. Ses Courtisans imitoient en apparence ses vertus, & réellement ses vices. Sa Cour nombreuse & brillante, guerriére ou voluptueuse, étoit livrée à la joie, ou plongée dans la tristesse, à proportion que le Prince paroissoit pancher vers ces passions. Enfin, jamais un seul esprit n'a mieux animé différens corps que celui de ce Roi.

II. Partie.   H

Panuchrillas étoit alors à la tête de ses armées. Un projet brillant, conçû à la hâte, & dont il promettoit les plus heureux succès, l'avoit conduit aux plus hautes dignités. Il flattoit l'ambition de son Maître, & lui faisoit entrevoir la domination de toute l'Asie. Le fond de la perspective étoit séduisant pour un Prince, qui ne respiroit que de nouvelles conquêtes; mais le succès ne répondit pas à l'espérance. Panuchrillas abusé lui-même, ne connoissoit pas les Peuples à qui il avoit à faire. Bien loin d'agrandir les Etats de son Maître, il s'é-

toit mis dans le cas de les voir
diminuer. L'envie ne l'avoit
pas épargné; & il perdit avec la
faveur du Prince la plus grande partie de son crédit. Lequel
des deux blâmerons-nous, ou
le Prince d'avoir accepté, ou
Panuchrillas d'avoir proposé ?
Pouvoit-on justement savoir
mauvais gré à celui-ci de n'a-
voir pas sû fixer l'incertitude
du sort ? Dalinales & Curnom-
mas, qui lui succéderent, ne
réüssirent pas mieux ; l'un par
sa trop grande vivacité, l'autre par sa lenteur, perdirent
les plus belles occasions de
vaincre les ennemis de Demetrius, & je ne sais quel eût été

le sort de ces Généraux infor-
tunés, si la volupté, qui alors
paroissoit être la seule souveraine des actions du Roi, ne
l'eût emporté sur cette violente ardeur, qui l'avoit précipité tant de fois dans les pé-
rils les plus évidens ; aussi les
Généraux n'avoient-ils pas
grand crédit à la Cour.

Ducovelis étoit celui qui
avoit le plus de part à la con-
fiance du Roi. Elevé par sa
naissance à un rang distingué,
il avoit sû, par sa complaisance & ses assiduités, s'attirer
la bienveillance de son Prince.
Sa politesse, sa douceur, sa
droiture, lui avoient réünis

tous les suffrages en sa faveur ;
on étoit charmé de voir un
Favori, qui n'employoit son
crédit qu'à protéger le mérite
par-tout où il le trouvoit. Ære-
tos le ressentit mieux qu'aucun autre. Né Sujet de Demetrius, sa science & sa vertu
l'avoient élevé au-dessus de
ses égaux ; ses ouvrages dignes
de son génie, avoient assûré
l'immortalité à plus d'un Hé-
ros ; mais ses talens avoient
fait son malheur. Exposé aux
traits de l'envie, persécuté par
ses ennemis, il avoit été contraint de quitter son Pays, &
il avoit trouvé une retraite ho-
norable chez l'étranger, qui

H 3

avoit été charmé de posséder un si rare trésor. L'amour de la Patrie l'avoit fait revenir; il avoit trouvé en Ducovelis un ami fidéle & un protecteur zélé; & cet homme, né pour le bonheur des autres, lui a assûré une tranquilité, à laquelle, sans son secours, il n'auroit pas même osé prétendre.

Numestupas, Grand-Prêtre de Cérès, tenoit aussi un rang distingué à la Cour de Demetrius. Ses intrigues & ses richesses, plûtôt que sa science & sa vertu, l'avoient élevé à cette haute place. Il avoit même espéré pendant quelque tems de se voir à la tête des affaires ; mais son esprit trop vif, sa façon de penser & d'agir trop tôt dévoilée, les mouvemens même de ses Partisans, lui avoient fait donner l'exclusion. Ce revers l'avoit touché sensiblement : une espérance, quelque légére qu'elle soit, ne s'évanoüit jamais qu'avec peine.

J'admirois la conduite de tous ceux qui composoient la Cour de Demetrius ; je les voyois tous avidement chercher le bonheur, & pas un n'employoit les moyens nécessaires pour y parvenir. Ceux qui passoient pour les plus heureux, étoient très-sujets à prendre souvent l'ombre pour la réalité, & à s'abuser eux-mêmes. Murtosagunes étoit le seul qui y travaillât le plus efficacement ; il ne devoit son élevation qu'à son génie ; & le peu de cas qu'il faisoit de tous les préjugés, le rendoit le plus aimable de tous les Courtisans. J'eus occasion de les voir tous assemblés dans un repas public, que donnoit Lysimachus, le plus puissant des Princes qui venoient grossir la Cour de Demetrius. Les étrangers, qui se trouvoient à sa Cour, y furent invités ; je ne fus pas oubliée, & ce fut là où

je vis la premiére fois l'Athée
Théodore, cet homme si fameux par l'accusation d'im-
piété qu'il avoit essuyée. Plus
curieux de me voir, que je ne
l'étois de l'entendre, il se plaça
à côté de moi. Son empressement à me parler me fit connoître que je ne lui étois pas
indifférente. En vain il loüoit
ma fermeté Philosophique, &
tous les talens qu'il disoit admirer en moi; il ne put me
faire changer à son égard; j'é-
tois prévenuë contre lui, il lui
étoit impossible de me plaire.
Mon air fier & dédaigneux le
fâcha à son tour; il crut que
le déguisement le conduiroit

plûtôt à ſes fins. Je n'ai loüé, dit-il , votre conduite , que pour ſavoir votre façon de penſer. Croyez-vous de bonne foi, qu'un homme ſenſé puiſſe approuver les excès auxquels vous n'avez pas craint de vous livrer à la face de tout un Peuple reſpectable par ſa ſageſſe & par ſa modération ? Vous blâmez l'Aréopage de vous avoir banni d'Athénes, admirez plûtôt ſa douceur ; il ne ſe lavera jamais de la tâche qu'il s'eſt faite en laiſſant vivre des monſtres auſſi pernicieux à la ſociété , que vous & votre Crates. Il vous ſied à merveille de me blâmer , lui répondis-je,

vos sentimens épurés, en ma-
tiére de réligion, ne resteroient
pas sans recompense dans une
République aussi-bien policée
qu'Athénes. Croyez-moi, par-
tez, votre retour vous mettra
en possession des avantages,
dont votre départ précipité de
cette Ville vous a privé. Vous
trouverez sûrement dans l'A-
réopage des Sectateurs zélés
de votre pieuse Philosophie ;
ils couronneront votre mérite & votre vertu de la façon
la plus brillante. Je connois
les Athéniens, quoiqu'ils en
ayent mal agi à mon égard ;
ils ne sont pas insensibles aux
talens, vous ne pouvez l'igno-

rer, ils les admirent par-tout où ils les trouvent ; ainsi, je vous le repéte, vous ne pouvez pas choisir un théâtre plus éclatant. Cessez, dit-il, vos railleries ; une femme de votre esprit & de votre conduite n'est pas faite pour pénétrer dans les secrets de la Philosophie, une éguille & un fuseau doivent être les seuls objets de sa science : vous avez voulu vous distinguer en suivant la méprisable Secte des Cyniques ; mais dites-moi, je vous prie, quel a été votre but ? Le libertinage seul, & la licence outrée qui y regnent vous ont séduite : vous avez cherché la

volupté ; encore si vous l'eus-
siez trouvée. Qu'avez - vous
donc éprouvé ? Des plaisirs
brutaux, toûjours suivis de la
honte & des remords. Quelque piquant que fut ce reproche, je conservai assez de modération pour vouloir me venger de lui, en le faisant tomber dans les prétendus excès
qu'il condamnoit si hautement.

La raison même, lui dis-je,
s'explique par votre bouche ;
je commence à connoître que
j'ai eû tort de désapprouver ce
qu'il ne m'est pas possible de
comprendre ; mais de grace,
illustre Théodore, ne me re-

prochez plus ma conduite paſ-
ſée : j'ai cherché la volupté, &
je la cherche encore ; elle ſeule
peut me procurer un bonheur
ſolide : c'eſt un ſentiment dont
je ſuis intimement perſuadée,
& que je ne changerai jamais.

J'accompagnai ce diſcours
de regards tendres & de geſ-
tés encore plus ſéduiſans.
Théodore , en croyant m'a-
mener à ſon but, ſe précipita
dans le piége que je lui ten-
dois. Enfin , le voyant preſ-
que vaincu , je fis un dernier
effort pour l'engager à donner à Lyſimachus & à ſes con-
viés un ſpectacle ſemblable à
celui que j'avois donné aux

Athéniens sous le Portique. Je ne sais quel mouvement secret le retint dans le tems qu'il étoit prêt à succomber. C'est ainsi qu'aveuglé par sa propre foiblesse, les apparences l'avoient entraîné à blâmer ma conduite, & à m'en faire les reproches les plus vifs. Ses emportemens & sa chûte avoient fait un contraste trop singulier pour n'être pas apperçû; aussi ne m'épargnai-je pas à lui faire sentir le ridicule outré de sa vanité.

Désespéré de s'être laissé vaincre, sans avoir prévû sa défaite, il sortit la rage dans le cœur; je redoutois peu son courroux. Murtofagunes, ce Courtifan qui favoit mêler les plaifirs les plus doux aux plus importantes affaires, prévenu en ma faveur dès la premiére fois qu'il m'avoit vû, foute-noit hautement mes interêts; je cherchois en toutes occa-fions à lui en témoigner ma reconnoiffance : Plufieurs en-tretiens que j'avois eû avec lui, me l'avoient fait connoî-tre. Que fa façon de penfer étoit charmante ! Son rang l'obligeoit, à la vérité, à gar-der de certaines bienféances; & cette prudence n'ôtoit rien à la vivacité de fes plaifirs, elle lui en faifoit mieux fentir

les

les douceurs. Débaraffé du poids de ses occupations, il venoit se jetter entre les bras de la volupté, & s'y livroit avec autant de liberté, que s'il en eût fait sa seule occupation. Je parle bien hardiment de ses inclinations, me dira quelqu'un; cependant je n'ai jamais rien déguisé, je veux bien que l'on sache, que pendant la meilleure partie du tems que je restai à Lampsaque, je contribuai aux plaisirs de Murtosagunes.

La vanité qui m'avoit seule ébloüie, pendant le peu de tems que je restai à Athénes, n'étoit plus ma passion domi-

II. Partie.

nante : toûjours occupée à me
rendre heureuſe , j'en avois
trouvé les moyens moins écla-
tans , quoiqu'auſſi réels & plus
ſolides. Le ſeul ſouvenir du
tems heureux que je paſſai
avec Murtoſagunes m'eſt encore ſi ſenſible , que je le con-
ſerve précieuſement. Ah ! que
ne puis-je décrire ces momens
ſi doux , ces tranſports ſi char-
mans , où Murtoſagunes venoit ſe délaſſer entre mes bras
de ſes fatigues. Helas ! s'il eût
eu autant de conſtance que
d'agrémens , mes jours purs &
ſereins euſſent coulé ſans aucun revers ; enfin , il étoit
homme , & par conſéquent,

sujet à changer , & je crois que je ne m'y étois tant attachée , que parce que je craignois de le perdre. Il m'avoit juré mille fois une fidélité & un attachement à toute épreuve. Il ménageoit si prudenment ses plaisirs , que je ne croyois pas qu'ils dûssent jamais cesser , & j'en étois tellement persuadée , que je fus la derniére à m'appercevoir de son changement. On s'en étonnera ; les yeux jaloux d'une Amante se laissent rarement tromper.

Uniquement occupée de cette douce yvresse , dans laquelle il m'entretenoit depuis si long-tems, j'avois éloigné de moi toutes les idées contraires à mon bonheur ; point de soupçon, point de crainte, la défiance étoit bannie de mon cœur ; le seul Murtosagunes avoit droit sur mes pensées ; je ne songeois qu'à lui, j'imaginois mille-moyens nouveaux d'augmenter le goût que nous avions tous deux pour le plaisir ; mais l'ingrat, lorsque mon empressement à lui plaire me rendoit plus digne que jamais de toute sa tendresse, le perfide m'abandonna, pour se livrer aux charmes d'une Rivale indigne de me succéder. Son inconstance ne resta pas impunie. Netonemia, cette femme à laquelle il m'avoit sacrifiée, le fit repentir plus d'une fois de son changement, rien ne pouvoit contenter son ambition : richesses, dignités, elle vouloit disposer de tout ; elle connoissoit le rang & le pouvoir de Murtosagunes, elle vouloit être l'ame de ses résolutions, ainsi que de ses plaisirs. Que de chagrins n'eut-il pas à essuyer avant que d'avoir satisfait à sa passion ! Cette femme dure & impitoyable lui refusoit jusqu'aux moindres faveurs, dès qu'il ne consentoit pas à tous ses désirs ambitieux.

I 3

Tant de caprice & d'ambi-
tion dégoûterent enfin Murtofagunes. Il rompit avec Netonemia, & en l'abandonnant
il cherchoit avec empressement l'occasion de se rejoin-
dre à moi : il employa tout,
il sentoit vivement sa faute.
Mon désinteressement , ma
tranquilité , comparée avec
l'avidité insatiable de Netonemia , le souvenir de la tendresse que j'avois toûjours euë
pour lui , le panchant que j'a-
vois à la volupté , ces plaisirs
purs & continuels que je lui
avois prodigué , toutes ces
idées qui le suivoient par-tout,
me représentoient à lui plus

aimable que jamais. Il espéroit
que la passion que j'avois euë
pour lui n'étoit pas encore
éteinte, & qu'elle se rallume-
roit. Si je l'avois trop aimé,
pour pouvoir jamais le haïr,
son ingratitude avoit changé
ma tendresse en une indiffé-
rence insurmontable; ses priéres, ses caresses, toutes ses
instances furent inutiles ; je
conservai assez d'empire sur
mon cœur pour lui ôter toute
espérance de me ramener jamais à mes premiers sentimens
pour lui. Votre inconstance,
lui dis-je, en le quittant pour
toûjours, a fait en moi un
changement que je ne puis

comprendre. Je ne vous hais point ; mais je ne reprendrai pas une place que j'ai quittée avec tant de peine.

Je ne crois pas que rien lui ait jamais été aussi sensible que ce discours. Il me connoissoit incapable de changer ; aussi perdit-il toute espérance , & alors il commença véritablement à me connoître & à m'estimer. Telle est la façon de penser de presque tous les hommes; insensibles aux biens qu'ils possédent, ils n'en connoissent le prix que quand ils leur ont échappé : leur mémoire trop fidéle à se les rappeller , fait alors chez eux ce que

que le discernement & le goût auroient dû faire plûtôt & plus utilement pour leur repos.

L'expérience que j'avois aquise depuis le tems que j'étois à la Cour de Demetrius, m'avoit convaincuë de la vérité de ce sentiment; ainsi je résolus d'en sortir. Rien ne m'y retenoit plus; le goût de la nouveauté, qui m'avoit d'abord fait rechercher avec tant d'empressement, étoit dissipé: à peine parloit-on de moi, quand on me voyoit; & si quelqu'un y faisoit encore attention, ce n'étoit que quelques étrangers, gens ordinairement plus occupés de la fantaisie de voyager, que des charmes de la volupté. J'aurois attendu long-tems, avant que de trouver quelqu'un parmi eux aussi aimable que Murtosagunes. Ce goût décidé que j'avois pour le plaisir, n'étoit plus assez violent pour m'engager à m'unir d'abord à un inconnu ; car quoiqu'il subsistât toûjours avec la même vivacité, j'avois sû le modérer à un tel point, que Crates seul, pour qui je conservois ma première tendresse, me suffisoit.

Les troubles, qui survinrent tout-à-coup à la Cour de Demetrius, me firent pen-

fer férieufement à mon départ. Crates qui, depuis notre fortie d'Athénes, étoit
parfaitement foumis à mes
volontés, fut de même avis.
Cette réfolution prife, nous
reftâmes encore quelque tems,
pendant lequel nous fûmes
témoins des révolutions les
plus furprenantes. Demetrius,
ce Prince, dont les armées
triomphantes fembloient autrefois avoir enchaîné la victoire, fe voyoit à la veille
d'être accablé par fes ennemis ; foit caprice du fort, foit
incapacité de la part de fes
Généraux, fes troupes mal-
heureufes, loin d'avoir fait de

nouvelles conquêtes , étoient reduites à défendre les frontiéres de ses Etats.

Murtosagunes lui-même , ce Ministre , dont la fortune paroissoit inébranlable , surtout étant soutenuë par les talens les plus relevés , se vit disgracié , sans avoir pû prévoir sa chûte ; chéri & admiré de la plûpart des Sujets de Demetrius, craint & respecté des autres , il ne pouvoit prévoir un revers si étrange. Tel est le sort de ces hommes ; qu'un mérite supérieur éleve au-dessus du commun : leurs vertus font des envieux , & leurs bienfaits des jaloux &

souvent des ingrats. Il ne l'é-
prouva que trop.

Netonemia , cette femme
ambitieuse , avec laquelle il
avoit été contraint de rom-
pre , cherchoit depuis long-
tems à se venger. Elle atta-
quoit en vain son pouvoir
placé & soutenu par le Prince , elle n'avoit fait que des
efforts impuissans ; sa réputation sans tâche ne fournissoit
pas même un prétexte à l'envie la plus envenimée. A force d'intrigues & de cabales ,
Netonemia étant parvenuë à
se rendre utile aux plaisirs du
Roi, les ennemis de Murtosagunes, qui ne voyoient qu'el-

K 3

le feule capable de le détrui-
re, la placerent d'abord chez
Erphilie, Favorite du Roi depuis quelques années.

Cette Femme bonne &
fimple, & dont la douceur
égaloit la beauté, contente
de fe voir honorée de la tendreffe d'un Prince puiffant,
n'avoit d'autre occupation,
que celle d'entretenir fes charmes, & de perpétuer, s'il
étoit poffible, le goût que
le Roi avoit pour elle. L'efprit amufant de Netonemia
lui plut d'abord. Le Roi, qui
la voyoit quelquefois avec Erphilie, en fut charmé, tellement que lorfqu'il y alloit, le

tems qu'il ne donnoit pas aux
plaifirs de l'Amour, étoit employé à ceux de la converfa-
tion. Ambitieufe comme elle
étoit, elle ne négligea rien
pour enlever à Erphilie la faveur du Roi; elle en vint à
bout. Le Prince enchanté de
fon efprit, lui trouva encore
affez de beauté pour plaire :
il lui offrit fon cœur, ne doutant pas qu'elle ne l'acceptât
avec autant de joie que d'em-
preffement. Netonemia fe fervit utilement de fon efprit ;
elle fut refufer habilement ce
qu'elle fouhaitoit paffionné-
ment, & fes refus ne firent
qu'augmenter le défir que le

Roi avoit de la posséder ; enfin, elle ne céda que lorsqu'elle vit qu'il étoit à propos.

A peine commençoit-elle
à joüir de sa faveur, que les
Sujets de Demetrius, envi-
ronnés d'ennemis & accablés
par les impositions excessives
qu'ils étoient obligés d'aquit-
ter pour les fraix de la guerre, porterent leurs plaintes
au Roi. Ces mécontentemens
partoient de la Cour même
de Demetrius, & Netonemia
profita de l'occasion, vengea
pleinement les mépris de Murtosagunes ; elle lui imputa les
mauvais succès & les mal-
heurs publics ; elle persuada

au Prince , que l'ambition particuliére de ce Miniſtre , étoit la cauſe de tous ces déſordres ; elle lui fit remarquer, que les plaintes des Peuples ne venoient que de la mauvaiſe adminiſtration des affaires ; enfin , elle ſut ſi bien manier l'eſprit du Roi, que Murtoſagunes fut dépoſé.

Le Roi, qui l'aimoit véritablement , craignant que tout ce dont il étoit accuſé ne fût vrai , ſe contenta de le renvoyer, ſans exiger de lui qu'il juſtifiât ſa conduite. Ainſi, il fut la victime du reſſentiment d'une femme , dont le bien de l'Etat l'avoit empêché de con-

tenter les caprices : heureux
encore de ne s'être jamais livré aux coupables illusions de
l'orguëil & de l'ambition , &
d'avoir conservé assez de force pour soutenir avec fermeté
un si cruel revers.

Qu'il me parut alors digne
d'être aimé ! sa grandeur d'a-
me avoit pour moi des charmes inexprimables , je l'a-
voue , j'eusse été charmée de
joüir avec lui des douceurs
d'une agréable retraite ; j'en
avois trop fait pour changer;
je triomphai des tendres sentimens qui m'entraînoient
vers Murtosagunes , & je quittai la Cour de Demetrius avec

moins de plaisir , mais avec autant d'empreſſement que je l'avois cherchée.

Fin de la ſeconde Partie.

HIPPARCHIA,

OU

LA COURTISANNE GRECQUE.

TROISIÉME PARTIE.

HIPPARCHIA,

HISTOIRE
PHILOSOPHIQUE,
TRADUITE DU GREC.

TROISIÉME PARTIE.

Rien ne change plus vîte & plus aisément que les mouvemens dont le cœur de l'homme est agité ; quoiqu'il fasse pour s'affermir contre toutes sortes d'accidens, sa Philosophie ne peut

III. Partie.　　　　　L

jamais être affez forte pour l'empêcher d'éprouver les mouvemens de l'humanité : enfin, il eſt homme, il faut abſolument qu'il en ait la foibleſſe, & cette foibleſſe ne doit pas paſſer pour vice. Je déſapprouve les ſentimens de ces Sages outrés, qui prétendent qu'il doit être inſenſible à tous les événemens ; je ſoutiens, au contraire, que cette prétenduë fermeté ne peut avoir d'autre cauſe que la ſtupidité, ou la barbarie, défauts mille fois plus à craindre que la plus lâche foibleſſe.

A me voir, à m'entendre, chacun m'eût cru inſenſible.

Que l'on me connoiſſoit peu ! l'indifférence avec laquelle j'avois quitté Murtoſagunes, le mépris que je lui avois témoigné, lorſqu'il avoit voulu me rendre à mon premier état, étoient des préjugés aſſez forts contre moi. Crates lui-même en étoit perſuadé ; j'avouë qu'il n'avoit pas tort, je lui avois préféré tant de rivaux, que mon indifférence pour lui ne devoit pas être douteuſe. La liberté des Cyniques, me diſoit-il, vous a été bien favorable, aucune femme avant vous n'avoit oſé embraſſer cette Secte ; mais je ne crois pas qu'aucune ait plus utile-

L 2

ment joüi des avantages qui y font attachés, & je ne doute point qu'après un pareil exemple plusieurs ne soyent portées à vous imiter. Je pris ces paroles pour une espéce de reproche. Ne sont-ce pas vos maximes, lui répondis-je? Ai-je fait autre chose que de les mettre en pratique? La tendresse que j'ai conservée pour vous, même dans le cours de mes plus agréables avantures, vous a dû faire connoître que je vous ai toûjours regardé comme l'auteur de la félicité dont je joüissois. Eh quoi! ne pensez-vous donc plus qu'il soit permis de chercher son bonheur par-tout où on le croit pouvoir trouver ? Helas ! que je me justifiois inutilement ! Crates touchoit au terme fatal de sa vie ; prêt à payer le tribut que tous les hommes doivent à la mort, il n'étoit plus maître ni de ses sentimens, ni de ses paroles ; en vain il s'efforçoit de paroître tranquile ; malgré toute sa Philosophie, il mourut quelques jours après dans une agitation forcée. Que cette perte me fut sensible ! Je sentis dans ce moment fâcheux redoubler la tendresse que j'avois pour lui. Helas ! en le perdant, je crus perdre mon bon-

L 3

heur, & ma tristesse fit connoître combien je lui étois attachée. Elle ne fut cependant
pas assez forte pour m'ôter
tout autre sentiment. Toûjours maîtresse de moi-même,
je tâchois de trouver dans les
événemens les plus malheureux les moyens de connoître à fond la foiblesse de mon
cœur. Je comparois la joie
que j'avois eû de m'unir avec
Crates avec le chagrin que
me causoit sa perte. La source de l'une & de l'autre étoit
la même, & dans ces extrêmités si différentes aux yeux
du vulgaire, je me trouvois
précisément dans la même

situation. Le panchant qui
m'avoit entraînée vers Crates,
occasionnoit les mouvemens
intérieurs que je reſſentois ; il
en étoit toûjours l'objet. Cette langueur que j'avois éprouvée , lorſque j'étois attachée
à conſidérer l'objet de mes
déſirs., s'étoit renouvellée &
m'attachoit à réfléchir ſur la
cauſe de mes regrets. Enfin,
dans l'un & dans l'autre état,
mon émotion étoit ſembla-
ble , quoique le motif en fût
différent ; je ſentis que je n'é-
tois pas née pour être long-
tems malheureuſe ; les violen-
tes diſgraces , que j'avois eû
à eſſuyer , m'avoient appris

L 4

d'où je pouvois tirer du soula-
gement & de la consolation.

Les secours étrangers m'é-
toient tout-à-fait inutiles. Ma
raison seule, aidée d'un peu
de Philosophie, étoit plus puis-
sante à fortifier mon esprit,
que les maux ne l'étoient à l'a-
battre. Le calme revint peu
à peu dans mon ame, & je
me trouvai dans une situation
d'où je pouvois envisager le
bonheur, comme un état où
il m'étoit encore permis d'as-
pirer. Je sentis que si la perte
de Crates étoit un malheur
pour moi, il n'étoit pas irré-
parable : ces sentimens, quelques conformes qu'ils fussent

à mon panchant, ne prévalu-
rent pas d'abord ; la mélan-
colie, suite ordinaire du trou-
ble & de l'affliction , est ce
qui me coûta le plus à dissi-
per. Comme sur les aîles du
tems la tristesse s'envole , il n'y
a point de peine qui ne dispa-
roisse insensiblement , dès que
l'on peut se distraire. L'idée
que je m'étois faite du bonheur me suivoit par-tout ; j'a-
gissois avec connoissance de
cause , & j'étois rassûrée sur
l'efficacité du reméde que je
cherchois , par le succès avec
lequel je l'avois autrefois employé.

Une vie agitée & tumultueuſe n'étoit pas de mon goût ; je n'étois plus dans cette brillante jeuneſſe, qui me rendoit indifférens les événemens les plus fâcheux ; je cherchois un repos aſſûré, & dont je pus joüir juſqu'à la fin de mes jours.

Parmi tous ceux qui m'inviterent à m'unir à eux, après la mort de Crates, aucun ne me parut plus propre à mes deſſeins qu'Eraſthothenes : cet homme, aſſez Philoſophe pour être raiſonnable ſans être ridicule, étoit encore dans la force de ſon âge ; ſon eſprit doux, ſon humeur aiſée & toûjours égale m'engagerent

à lui donner la préférence fur
tout autre. Je m'applaudis de
mon choix , ne croyant pas
m'être trompée. Auffi fenfi-
ble à la volupté, que s'il eût
été dans fa premiére jeuneffe ,
il fut toûjours prêt à partager
avec moi les plaifirs que je lui
offrois. Je paffai deux ans dans
cette douce tranquilité. Erafthothenes avançant en âge ,
parut s'éloigner de ces maximes de fageffe & de raifon,
qui l'avoient guidé jufqu'alors,
& qui l'avoient rendu refpec-
table à fes ennemis même.

Mes doutes s'éclaircirent
peu à peu, & je connus enfin
qu'il avoit changé de fenti-

mens à mon égard. Les plaisirs qu'il goûtoit avec moi lui devinrent insipides ; mes caresses lui parurent ennuyeuses; enfin, il sacrifia des voluptés tranquiles & durables aux incertitudes de l'inconstance. Une jeune Lacédémonienne devint l'objet de toute sa tendresse. Je ne sais ce qui pouvoit l'avoir engagé dans cette passion ; car, à quelques années près qu'elle avoit moins que moi, je pouvois lui disputer tout autre avantage ; sans beauté, sans agrémens, elle n'avoit d'autre mérite que celui d'être étrangére & misérable ; aussi je la jugeai telle-

ment indigne de mon ressentiment, que je ne me plaignis
pas à Erasthothenes de son
changement.

Autant indifférente pour lui
qu'il l'étoit devenu pour moi,
je voulois lui rendre le change, & je songeois sérieuse-
ment à lui donner un Rival,
plus digne de ma tendresse que
sa Lacédémonienne ne pou-
voit l'être de ses attentions;
mais un coup imprévu du destin ne m'en donna pas le tems.

Chacun s'apperçut du changement d'Erasthothenes, &
sur la réputation de sagesse &
de raison, dont il joüissoit depuis nombre d'années, on ne

douta pas que ma Rivale ne
fût quelque chofe de charmant , puifqu'il en étoit uniquement occupé. La prévention étoit fi forte à Athénes,
qu'on ne parloit plus d'autre
chofe : on étoit très-curieux
de la voir ; mais Erafthothenes , aveuglé par fa paffion,
étoit fi jaloux de fon bonheur , que fes amis ne purent
jamais parvenir à la voir.

Cette conduite extraordi-
naire perfuada tout-à-fait les
Athéniens , qu'il n'y avoit rien
de plus parfait que cette jeune
étrangére. Xeniade fur-tout,
qui par fon crédit & fes ri-
cheffes tenoit un rang diftin-

gué à Athénes, s'en forma une idée si séduisante, qu'il imagina ne pouvoir être heureux, s'il n'en étoit aimé. Il avoit quelque liaison avec Erasthothenes; il chercha tous les moyens imaginables pour avoir sa confidence ; mais ce fut inutilement. Xeniade, voyant que les liaisons d'amitié ne pouvoient le faire réüssir, résolut de tout entreprendre pour lui enlever sa Lacédémonienne. Ses richesses lui applanirent toutes difficultés ; il séduisit l'Esclave, confident des amours d'Erasthothenes, qui lui ménagea une entrevûë avec la Lacédémonienne ; il lui fit l'a-

veu de fa paffion dans les termes les plus vifs, foutenus des
plus magnifiques préfens ; &
lui ayant propofé de l'enlever, elle ne réfifta qu'autant
qu'il fallut pour éprouver la
paffion de fon nouvel Amant:
enfin, comblée de fes bienfaits, & éblouie de fa magni-
ficence, elle céda à fes em-
preffemens, & confentit à partager avec lui le fort heureux
dont il la flattoit.

Cette brufque évafion fut
un coup de foudre pour Erafthothenes. Défefpéré d'avoir
perdu la feule perfonne qui lui
fut chere, il jura dès lors la
perte de fon Raviffeur, quel
qu'il

qu'il pût être. Il avoit appris qu'elle avoit été enlevée ; mais il ne lui avoit pas été possible de savoir par qui, ni en quel endroit elle avoit été conduite : l'Esclave confident, qui l'avoit cruellement trompé, étoit disparu avec elle. Enfin, livré aux noirs accès de la jalousie, il ne savoit sur qui il devoit faire tomber sa vengeance, ni comment éclaircir les soupçons qui le dévoroient.

Reduit à dissimuler sa rage, il s'informa secrétement de l'endroit où pouvoit être sa chere Lacédémonienne ; & à force de recherches, il découvrit que Xeniade en étoit le poſſeſſeur. S'il eût été auſſi riche & auſſi puiſſant que lui, je ne doute pas qu'il n'en eût tiré une vengeance éclatante. Tout ce qu'il pouvoit entreprendre, c'étoit de ſe ſervir des mêmes moyens que Xeniade avoit employé. Il tenta inutilement de corrompre les Eſclaves par ſes libéralités; ils étoient trop bien prévenus pour ſuccomber. Allarmé de ce que cette reſſource lui manquoit, il réſolut d'avoir recours à la force ouverte. Je m'apperçus de ſon deſſein; je lui en repréſentai les riſques; j'eus beau lui dire, qu'il courroit à une perte inévitable, il ne voulut pas me croire, perſuadé qu'il étoit, que ma jalouſie ſeule vouloit le détourner de ſon projet.

Il faut avoir éprouvé la force d'une paſſion violente, pour ſavoir avec quelle impétuoſité le cœur ſe détermine ſur les moindres apparences de juſtice & de raiſon, qui ſemblent favoriſer ſon panchant. Cette idée d'enlevement parut d'abord ſi juſte à Eraſthothenes, qu'elle lui fit regarder cette réſolution, comme une des plus équitables qu'il eût jamais conçû : le contentement actuel qu'il en reſſentoit, avoit pour lui tant de charmes, qu'il étoit incapable de prévoir les maux qui en étoient inséparables.

Il choiſit, pour l'exécution de ſon projet, un jour que Xeniade donnoit un grand repas à ſes amis, ſe perſuadant, qu'occupé avec eux, il ſeroit moins attentif à ce qui regardoit la Lacédémonienne. S'étant fait ſuivre par quelques Eſclaves, dont la fidélité ne lui étoit pas ſuſpecte, il les détermina à périr, plûtôt que de céder : il ſe mit à leurs têtes, entra dans la maiſon de Xeniade, & perça juſqu'à l'appartement de la jeune étrangére. Les cris qu'elle poussa en le voyant, pénétrerent jusqu'à l'endroit où Xeniade étoit avec ses amis ; ils accoururent tous, & furent d'une surprise extrême, en voyant qu'Erasthothenes en étoit la cause : En effet, quoi de plus surprenant, que de voir un homme, qui jusqu'alors avoit passé pour sage, donner dans des travers si inexcusables ! Aussi de quels excès n'est point capable une passion de cette espéce, dès que l'on s'y est livré sans reserve ?

Les remontrances de Xeniade & de ses amis furent inutiles ; Erasthothenes leur déclara que l'enlevement de Zéladis (c'étoit le nom de l'é-trangére) par Xeniade , avoit occasionné ses démarches, & qu'il étoit déterminé à périr, plûtôt qu'à la céder ; mais il avoit à faire à un homme aussi insensé & plus opiniâtre que lui. Votre proposition , lui dit-il, n'est pas juste ; Zéladis n'a pas consenti à être enlevée de chez vous , pour y vouloir jamais retourner ; je ne puis donc vous la céder avec hon-neur ; vous n'avez point de meilleur parti à prendre, que de vous en détacher. Erastho-thenes , furieux de se voir in-sulté , voulut immoler son Rival à sa passion : ses coups furent vains, il devint lui-même la victime de sa fureur ; car Xeniade, outré d'avoir vû sa vie en si grand danger, perça de mille coups le malheureux Erasthothenes, & se défit d'un Rival qu'il avoit toûjours appréhendé.

C'est ainsi que l'inconstance d'Erasthothenes fut la cause de sa perte. Helas ! savoit-il ce qu'il vouloit, en se proposant quelque contentement de son choix ? Cette étrangére, qui lui avoit d'abord paru née pour le rendre heureux le reste de ses jours, devint l'écuëil de sa tranquilité, & une

source d'infortunes & de mal-
heurs. Il goûtoit avec moi des
plaiſirs tranquiles & aſſûrés ;
il s'en étoit laſſé par inconſ-
tance, & l'ombre d'un bonheur imaginaire qu'il avoit
pourſuivi avidement, l'avoit
conduit à une fin tragique.

La mort d'Eraſthothenes
ſembloit m'avoir détaché du
reſte du monde ; je n'oſois
plus me livrer à l'eſpérance,
j'avois tout abandonné ; la lé-
géreté, la perfidie de tous les
hommes que j'avois connu,
me rendoient odieux tous
ceux qui reſtoient ſur la terre.
Ah ! que je regrettois alors
Crates, lui ſeul m'avoit été
fidéle,

fidéle ; encore, grace au destin, qui ne lui avoit pas donné
le tems, ou les occasions de
changer. Ces réflexions, qui
se succédoient les unes aux
autres, m'avoient conduite à
une tranquilité que je n'avois
jamais éprouvée, & je la conservai assez long-tems, pour
me persuader qu'elle dureroit
le reste de mes jours. Après
la vie que j'avois menée jusqu'alors, pouvois-je me suffire
à moi-même ? Non, je ne me
connoissois pas encore, ou
plûtôt je m'abusois. Ce panchant, qui m'avoit toûjours
entraînée vers les plaisirs, sub-
sistoit encore ; il se ralluma

III. Partie.   N

tout-à-coup avec violence, &
me fit fentir combien peu je
devois compter fur moi-même. Il eſt vrai que je prévoyois
un tems, où j'en devois être
tout-à-fait délivrée ; mais il falloit l'attendre & fortir de l'a-
gitation où je me trouvois.

Le fouvenir de ces actions
éclatantes, qui avoient autrefois tant fait de bruit, avoit
été enfeveli avec Crates, & la
tranquilité dans laquelle j'a-
vois vêcu pendant quelques
années avec Erafthothenes,
m'avoit prefque entiérement
fait oublier des Athéniens ; &
j'aurois fans doute paffé mes
jours dans une obfcurité qui

me feroit devenuë fatale, fi les égaremens d'Erafthothenes ne m'en euffent tirée. La patience avec laquelle je les fupportai, m'aquit l'eftime de ceux qui auparavant n'avoient que du mépris pour moi. On en vint même jufqu'à m'admirer : ils ignoroient la caufe de ma fageffe, ne fachant pas, volupté charmante! que tes faveurs, toûjours préfentes à mon efprit, m'occupoient trop pour me permettre de faire attention à la folie d'un homme, qui m'abandonnoit pour fe perdre.

Le tems n'avoit pas encore affez agi fur ces attraits, qui

plus encore que ma conduite, m'avoient fait rechercher, pour me rendre indifférente à ceux qui me verroient. J'eus le plaisir de l'éprouver. Je ne connoissois qu'un seul Citoyen dans Athénes de qui je pus espérer de recevoir le peu de satisfaction dont je sentois que j'avois à joüir; mais son indifférence marquée pour toutes les femmes, m'ôtoit tout lieu d'espérer: ce n'est pas qu'il fût accusé de ce vice détestable si commun à Athénes, on l'avoit examiné pendant long-tems, & on n'avoit jamais rien découvert dans sa conduite qui pût donner le moindre soupçon ; son indifférence ne venoit que de la tranquilité dans laquelle il avoit vêcu jusqu'alors, & qui avoit été si grande, qu'on l'avoit prise pour l'insensibilité la plus complette.

Quel fut mon étonnement, lorsque je vis Cleanthide me venir faire l'aveu d'une passion dont personne ne le croyoit susceptible! Mon indifférence, me dit-il, n'a pû tenir contre vos charmes & votre sagesse. Vous triomphez aujourd'hui d'un homme que toutes les femmes d'Athénes ont cru insensible. Oh qu'elles se trompoient! Au milieu de cette indifférence affectée, je cherchois une personne avec qui je puſſe paſſer des jours heureux & tranquiles ; je n'en ai trouvé aucune parmi les Athéniennes de qui je duſſe attendre ce bonheur ; vous ſeule paroiſſez être née pour me rendre content. Je ſuis pénétré de ce que je viens vous déclarer; voyez ſi en uniſſant votre ſort au mien, vous pouvez eſpérer le réciproque. Un aveu auſſi ſimple dans une affaire ſi importante ne me permit pas de douter de la ſincérité de Cleanthide. J'étois trop flattée de ſon choix pour différer ſa ſatisfaction. Je pourrois, lui dis-je, déguiſer mes ſentimens pour éprouver votre passion ; mais je compte tellement sur votre probité , que je ne rougirai pas de vous dire , que prévenuë en votre faveur depuis que je vous connois, j'ai toûjours respiré après ce moment heureux qui nous unit l'un à l'autre. Oüi, mon cher Cleanthide, vous passerez avec moi les jours les plus tranquiles : les Dieux qui nous ont fait naître l'un pour l'autre , nous accorderont un sort digne d'envie. Cleanthide, comblé de joie de trouver en moi autant de sincérité que de modération, ne savoit comment m'en témoigner sa reconnoissance ; il ne trouvoit point de termes assez forts pour l'exprimer ; son silence mille fois plus énergique que ses paroles & ses regards enflammés, ne me faisoient que trop connoître ses sentimens.

Je me rappelle en vain toutes les circonstances de ma vie, je n'en trouve point qui m'ait été aussi sensible que celle-ci ; rien ne m'en persuade mieux que la peine que j'eus d'être privée de Cleanthide seulement pour quelques jours ; car après l'aveu qu'il venoit de me faire, il fut obligé de quitter Athénes pour des affaires indispensables.

Que d'inquiétudes, que d'allarmes m'agiterent pendant ce tems ! Mes transports, en le

voyant revenir , lui témoigne-
rent sensiblement combien je
l'aimois. Charmé de ma tendresse , il n'eut pas la force de
me répondre , il se précipita
entre mes bras. Ces plaisirs si
délicieux & tout-à-fait nouveaux pour lui , le ravissement
où il se trouvoit l'avoient trans-
porté hors de lui-même. Ah !
chere Hipparchia , me dit-il ,
que de charmes ! quelle satisfaction ! Oüi , je suis parfaitement heureux , je veux expirer
entre vos bras. Il se livroit sans
reserve , & peut-être auroit-il
eu lieu de s'en repentir , si je
ne l'eusse modéré.

La plûpart des femmes d'A-
thénes , piquées de ce qu'il

m'avoit préférée à elles, mirent tout en ufage pour le dégoûter de fon choix ; la médifance & la calomnie ne furent pas épargnées ; elles me dépeignoient des couleurs les plus noires. Cleanthide eut beau me justifier ; fon attachement pour moi ne fervit qu'à le faire paffer pour imbécile : enfin, ennuyé des railleries qui fe faifoient fur fon compte, il réfolut de fe retirer d'Athénes, ne doutant pas que je n'y confentiffe ; il me cacha la véritable caufe de notre départ. Je fens, me dit-il, tout le prix de mon bonheur, je ne veux pas que rien foit capable de l'altérer ; prévenons tout embaras, en

ne nous refervant de bien que
ce qui nous eft néceffaire pour
vivre tranquilement ; quittons
Athénes , retirons-nous à une
petite maifon de campagne;là,
féparés du refte des hommes ,
nous vivrons uniquement l'un
pour l'autre. Nous tardâmes
peu à partir ; un petit nombre
d'Efclaves fidéles nous fuivit :
depuis ce tems , Cleanthide
toûjours tendre , toûjours empreffé , ne peut m'abandonner
un feul inftant, fa tendreffe au-
gmente chaque jour. O deftin
inévitable ! faut-il que je te céde dans le tems de ma vie le
plus heureux ! La volupté me
prodigue en vain fes faveurs
les plus précieufes , je ne puis

plus en profiter , je fens que mes forces m'abandonnent, je veux les rappeller inutilement, je touche au terme de ma carriére : ce n'eft pas que j'appréhende ce fatal moment ; privée alors de tout fentiment, qu'eft-ce qui pourra me toucher? Une feule chofe m'attrifte : le chagrin de Cleanthide, qui s'apperçoit de ma foibleffe , quelque foin que j'aie de la lui cacher , me fait craindre pour lui le défefpoir où notre féparation le va jetter , & plus que tout encore, cette privation de plaifirs & de toutes voluptés , à quoi je ne puis penfer fans frémir.

Fin de la troifiéme & derniere Partie.